I n 27 16824.

BIOGRAPHIE

DE

LAURENT QUÉTER

SAUVETEUR DOUAISIEN

(AVEC PORTRAIT)

Par Théophile DENIS.

UN FRANC

Le produit de la vente de cet ouvrage est destiné à élever un monument funèbre sur la tombe de Laurent Quéter.

— 1862. —

Vᵉ ADAM , IMPRIMEUR , A DOUAI

12, RUE DES PROCUREURS, 12.

Maria Chapa

BIOGRAPHIE

DE

LAURENT QUÉTER.

I

En essayant de rappeler, dans cette notice rapide, la vie de Laurent Quéter, nous acquittons une double dette.

La première, qui nous est particulière, est une dette éminemment sacrée, comme le sont toutes celles que l'on contracte à un lit de mort. Voici dans quelles circonstances elle nous est personnellement incombée. Quelques mois avant sa fin, mais alors qu'il n'était pourtant pas encore possible de la prévoir, Quéter causait avec nous et nous entretenait, avec cette simplicité et cette bonhomie que l'on sait, des actes de dévouement dont sa vie a été remplie. C'est nous qui l'avions amené sur ce sujet. Nous voudrions, hélas ! à l'heure qu'il est, nous souvenir de tout ce qu'il nous a raconté, car cette notice aurait alors l'attrait auquel elle n'ose plus prétendre. Bref, nous exprimâmes à Quéter le désir que nous ressentons aujourd'hui, celui d'écrire sa biographie

1862

bien complète et bien fidèle, en quelque sorte sous sa dictée. Cette proposition effraya Quéter ; sa modestie la considéra comme une épreuve et fut bien près de s'en irriter. C'est alors que nous passâmes ensemble un contrat moral, par lequel je m'engageai à ne rien publier sur notre sauveteur, tant qu'il vivrait. De son côté, Quéter nous priait de rassembler, après sa mort, toutes les notes éparses que l'on pourrait trouver chez lui, de les coordonner et de les publier pour en former un souvenir de famille plutôt qu'un passeport pour la postérité. Il y avait de l'enjoument et des larmes tout à la fois dans cette suprême expression de sa volonté. On devine aisément quelle fut notre réponse. Tout en étant affirmative, elle devait être d'autant moins sérieuse, que Quéter paraissait jouir encore d'une santé qui lui promettait une vieillesse fort reculée. Dieu en a décidé autrement ; il a rappelé à lui presque subitement l'homme de bien qui fut si sympathique aux Douaisiens. Aujourd'hui, nous croyons que c'est pour nous un point d'honneur de regarder comme bien donnée la parole que Quéter a emportée ; et c'est ce qui nous faisait dire plus haut que ces lignes nous dégageront d'une promesse sacrée : il nous en coûtera la douleur d'avoir à la remplir trop tôt.

L'autre dette que nous avons la prétention d'acquitter, prétention peut-être téméraire — car nous ne nous faisons point illusion sur la modestie de nos ressources, — c'est la dette de reconnaissance inscrite dans les cœurs de la population douaisienne. Nous avons entendu de toutes parts exprimer le désir de voir s'élever, sur la tombe de Quéter, un modeste monument qui ne laissât pas oublier tout de suite, au sein de notre cimetière si peuplé, la place où repose un noble enfant de cette cité ; — et nous venons prêter notre humble coopération à la réalisation de ce vœu patriotique et bien digne d'une ville qui s'honore justement de récompenser tous les vrais mérites.

II

Laurent-Joseph Quéter est né à Douai le 12 mai 1804. Son père, Antoine-Joseph Quéter, et sa mère, Florentine-Josèphe Masclet, vivaient de l'humble commerce de poissonnerie, que leurs fils et petits-enfants n'ont du reste jamais abandonné.

C'est un rude travail que celui qu'exige un commerce de cette nature. Laurent Quéter dut s'y livrer, alors qu'il était encore tout enfant ; il y acquit cette force prodigieuse et cette robuste constitution qui en faisaient parmi nous un type herculéen ; et, tout naturellement, il se familiarisa de bonne heure avec l'élément auquel il devait bientôt disputer la vie d'un nombre considérable de ses semblables. On pourrait dire, presque sans hyperbole, que le jeune Laurent savait se soutenir au-dessus de l'eau avant de pouvoir se tenir ferme sur le sol.

Nous devons ajouter que la maison paternelle est baignée par les eaux de la Scarpe, et que les habitants d'une semblable demeure devaient nécessairement se trouver en commerce constant avec cette rivière ; elle semblait aller vers eux, les appeler et provoquer de continuelles relations.

Laurent Quéter n'a point quitté cette habitation. Aussi, presqu'à toute heure de sa vie il a vu le fleuve : le jour, il travaillait sur ses eaux ; la nuit, il l'entendait passer sous ses fenêtres. C'est ce qui explique — faisons tout de suite cette remarque — la grande quantité de sauvetages opérés par Quéter. Car il n'entendait pas seulement, à travers le sommeil, le clapotement de l'onde qui se brisait sur le mur de sa chambre ou sur ses barques, — il saisissait, avec un instinct merveilleux, au-dessus de cette basse monotone, les cris aigus et les appels désespérés des victimes.

C'est surtout dans ces moments que Quéter devait être beau ; — dans ces instants suprêmes, au milieu de la nuit, quand le fleuve est noir et que sa voix a toujours des notes de courroux et de rage ; à ces heures de repos pour tous, où Dieu seul peut voir le noble sauveteur et mesurer la grandeur de son dévouement !

Rarement l'on a pu être témoin de sa vaillante conduite dans ces périlleuses circonstances. Si l'on s'en rapporte à ses propres récits, cette conduite était toute simple : « Je ne dormais jamais profondément, nous disait-il, il y avait en moi comme quelque chose qui m'empêchait de fermer les oreilles ; aussi je me félicite d'avoir toujours été prêt au premier signal. Dès qu'un cri humain s'était fait entendre, je n'attendais jamais le second, je sautais lestement de mon lit, et, le temps de faire un signe de croix, j'étais dans l'eau. »

III

Mais les sauvetages présentaient plus ou moins de difficulté, plus ou moins de péril.

Avant de reproduire, sans en détailler les circonstances, la liste de ceux que nous avons pu relever, nous en exposerons quelques-uns d'une façon plus explicite, afin de faire ressortir le prix réel de la conduite de celui qui les a effectués, et montrer ses droits incontestables à la reconnaissance du pays.

C'est à l'âge de 17 ans que Laurent Quéter opéra son

premier sauvetage, et ce début faisait prévoir ce que l'on devait attendre de ce jeune cœur si intrépide, si noblement téméraire.

Le fusilier Vatelet, du 31° de ligne, revenait de chez le commandant de place, le 18 septembre 1821, à deux heures du matin ; au moment d'arriver au pont des Dominicains, il appuie sur la droite, l'obscurité ne lui permet pas de remarquer l'absence de garde-corps, il s'avance et tombe dans la rivière. Il pousse un cri de détresse qui arrive aux oreilles du jeune Laurent Celui-ci quitte son lit, ouvre la fenêtre de sa chambre à coucher et se précipite dans l'eau. Il nage jusqu'à la hauteur du pont, entend le bruit que produit Vatelet en se débattant et le saisit à l'instant où ce malheureux, entièrement épuisé, venait de perdre connaissance et disparaissait sous l'eau. Quéter le ramena à terre aussi promptement que possible ; il eut le bonheur de pouvoir le rappeler à la vie.

Beaucoup de personnes se rappellent encore la scène si dramatique du 16 septembre 1824 ; les témoins la racontent avec une émotion que n'ont pu diminuer les années qui se sont écoulées depuis cette date.

Un sieur Piérard, Alexis, tomba, à neuf heures du soir, du pont du Marché-aux-Poissons dans la Scarpe. Il ne savait pas nager, et les témoins de sa chûte se contentaient de pousser des cris déchirants, en voyant ce malheureux lutter contre le courant qui l'emportait.

Un de ses amis, Jean Toussaint, se dévoue enfin et se jette à l'eau ; il est aussitôt saisi par Piérard qui l'enlace fortement, paralyse ses mouvements et l'entraîne avec lui au fond de la rivière.

Tous deux vont périr. Peut-être sont-ils déjà asphyxiés.

Pendant ce navrant épisode, les spectateurs, dont le nombre était déjà dévenu considérable, appelaient de toutes leurs voix Laurent Quéter.

On le trouve enfin ; il arrive, et, sans rien écouter des recommandations qu'on lui adresse de toutes parts, il se jette dans l'eau, et plonge pour rechercher les deux victimes.

Il ne tarde pas à les trouver. — Mais c'est alors que la lutte la plus émouvante et la plus douloureuse s'engage entre ces trois hommes. Piérard et Toussaint s'accrochent, de tout le reste de leurs forces, à l'intrépide Quéter dont la position jetait une poignante anxiété dans toute la foule ; il se trouve aux prises avec deux hommes éperdus, deux forcenés qui ne sauraient entendre aucune bonne raison ; car on sait de quels efforts inintelligents font preuve ceux qui sont en danger de se noyer. Un sentiment de terreur circulait dans toutes les âmes. Les secondes étaient des siècles de torture morale.

Enfin, le brave sauveteur, grâce à sa force athlétique et à son sang-froid extraordinaire, sortit vainqueur de ce combat effrayant. et ramena bientôt, vivants, sur le rivage ses deux compatriotes qui avaient failli lui faire partager un triste sort. On se fait aisément une idée des acclamations enthousiastes et prolongées qui saluèrent le jeune Douaisien qui venait d'accomplir un si beau trait de courage.

Quéter a couru bien des fois le danger dont nous venons de faire ressortir la gravité. C'était en 1831, le 1er août ; deux canonniers du 1er régiment passaient sur le quai au milieu de la nuit. Un des deux, Biessieux, tombe à l'eau. Son camarade, qui ne pouvait lui porter secours, crie à tout hasard. Ses lamentations sont aussitôt entendues de Quéter qui, moins d'une minute après, se trouvait au milieu de la rivière. Biessieux avait déjà disparu ; les indications de son camarade étaient peu certaines. Quéter plonge et se met à le rechercher avec une héroïque ardeur.

Bientôt il le rencontre, il le ramène à la surface de l'eau, mais il est aussitôt saisi par le corps avec une violence fébrile. Biessieux entraîne son sauveur au fond du gouffre d'où celui-ci venait de le retirer.

Que se passa-t-il alors ? A quelles inexprimables transes Quéter fut-il en proie ? A quels sentiments fut livrée son âme grande et généreuse ? C'est une question que le poëte peut résoudre avec de belles pensées et des vers touchants. Pour nous, nous nous contentons de frissonner à l'idée de ces sombres épisodes, d'admirer le caractère sublime de celui qui comptait pour si peu de chose sa vie, quand il s'agissait de sauver celle d'un autre ; nous nous contentons de vénérer sa mémoire et de proposer en exemple, aux grands comme aux petits, cette existence d'un pauvre enfant du peuple, d'un humble ouvrier.

Ce rapprochement des grandes vertus et du travail obscur nous rappelle quelques belles paroles de M. Corne que nous extrayons d'autant plus volontiers du chapitre qui les renferme, qu'elles font nommément allusion à Quéter :

« La palme des plus beaux dévouements est à vous, dit l'écrivain douaisien s'adressant aux ouvriers... Un cri de détresse retentit dans la cité ; des malheureux vont périr dans les eaux, dans les flammes, sous des édifices croulants ; toujours de vos rangs s'élance un homme qui ne mesure pas le danger quand l'humanité implore son secours, qui compte pour rien sa vie, et la risque mille fois, trop heureux s'il parvient à rendre un père à ses enfants, un fils aux bras de sa mère ; et il rentre dans la foule, essuyant une larme du revers de sa forte main. Hénin, Quéter, tous ces généreux sauveurs, qui comptent leurs années par le nombre de victimes qu'ils ont arrachées à la mort, c'est en travaillant comme vous qu'ils ont acquis cette vigueur d'Hercule, si noblement employée ; c'est sous la blouse de l'ouvrier qu'ils portent un cœur intrépide. »

Mais nous n'avons pas achevé le récit du sauvetage de Biessieux. Le résultat en a été aussi heureux que celui que nous avons rapporté précédemment. La vigueur musculaire de Quéter l'emporta sur les étreintes de son adversaire qu'il ramena vivant sur la rive.

IV

Notre travail atteindrait des proportions trop volumineuses, si nous voulions continuer à détailler toutes les péripéties qui ont accompagné la plupart des sauvetages dont nous sommes parvenu à dresser une liste assez longue quoiqu'incomplète. Car nous en avons recueilli *quarante-deux* jusqu'en 1841, ce qui embrasse une période de vingt années et donne conséquemment une moyenne de plus de deux sauvetages par an.

Nous allons donc les énumérer succinctement, pour revenir ensuite sur les circonstances d'une autre nature qui ont marqué les jours de Laurent Quéter.

Liste des personnes retirées de l'eau — vivantes ou mortes
— par Laurent Quéter.

1821. 10 septembre. — Vatelet, soldat au 31e de ligne ; retiré vivant.
1822. 9 janvier. — Darmes, grenadier au 31e de ligne ; vivant.
1823. 25 novembre. — Jean Dumortier ; vivant,

1824. 29 mars. — Jean-Baptiste Decatillon ; vivant.

1824. 28 mai. — Augustin Bachelet, aubergiste ; vivant.

1824. 13 juin. — Jean-Baptiste Gourlet ; vivant.

1824. 14 juin. — Augustin Delval ; mort.

1824. 16 septembre. — Alexis Piérard et Jean Toussaint ; vivants.

1824. 29 septembre. — Anne Dubus ; vivante.

1824. 30 septembre. — Charles Fontaine ; mort.

1825. 23 janvier. — Veuve Louis Sauvage ; morte.

1825. 3 avril. — J. Hequet ; vivant.

1825. 21 septembre. — Sophie Quinzebille ; morte.

1826. 3 mars. — Françoise Etouin, mère de famille : vivante.

1826. 8 mai. — Delval, âgé de 15 ans ; vivant.

1826. 24 juillet. — Philippe Sage, âgé de 24 ans ; mort.

1826. 1ᵉʳ août. — Duplaquet, soldat au 4ᵉ escadron du train ; vivant.

1826. 16 octobre. — Frédéric Boée ; vivant.

1826. 1ᵉʳ novembre. — Claire Merriaux, mère de cinq enfants ; vivante.

1826. 28 novembre. — Veuve Lafleur ; morte.

1827. 10 octobre. — Albertine Boucher ; vivante.

1828. 14 mai. — Leriche, canonnier au 7ᵉ régiment d'artillerie ; mort.

1828. 30 septembre. — Veuve Bulcourt ; morte.

1829. 15 février. — Joséphine Dehau ; vivante.

1829. 5 mars. — Marguerite Poulain ; vivante.

1829. 4 juin. — Jean Stronnard ; vivant.

1830. 28 septembre. — Veuve Basin, mère de famille ; vivante.

1831. 2 mai. — Rueff, canonnier au 7ᵉ régiment ; mort.

1831. 4 juin. — François, ouvrier à la 12ᵉ compagnie ; vivant.

1831. 1er août. — Biessieux, canonnier au 1er régiment;
vivant.

1832: 27 mars — Odinot, sergent de grenadiers au 20e régiment ; mort.

1833. 24 février. — Cameline, musicien au 39e régiment;
mort.

1833. 2 mai. — Gambert et Choquet, Louis ; vivants.

1833. 26 mai. — Desiré Tronin ; mort.

1835. 15 août. — Zélie Russe, âgée de 7 ans ; vivante.

1836. 23 mars. — Jean-Baptiste Baratte ; mort.

1840. 19 avril. — François, garçon brasseur ; vivant.

1840. 6 juillet. — Adam Magin ; mort.

1840. 13 juillet. — Maurice Ronchin, maréchal-ferrant au
6e escadron du train ; mort.

1841. 25 février. — Nicolas Stienne ; mort.

Quelque considérable que soit la liste qu'on vient de lire,
elle n'est point complète ; il y a des lacunes que nos re-
cherches n'ont pu combler jusqu'à ce jour. Telle qu'elle est,
elle sera aux yeux des Douaisiens un titre assez glorieux,
pour faire valoir les droits de Laurent Quéter à l'hommage
que nous sollicitons pour honorer sa mémoire.

Quéter ne se contentait point de retirer de l'eau les malheureux menacés de mort et de les congédier, quand il les
avait reportés sur la rive. Le plus souvent il les emmenait
chez lui, leur prodiguait les soins les plus bienveillants,
mettait son linge et ses vêtements à leur disposition. Car
cet homme avait une bonté et un désintéressement qui éga-
laient son courage.

V

Lá première récompense nationale que Laurent Quéter obtint pour ses actes de sauvetage, fut une médaille qui lui fut donnée en 1829.

Mais la plus glorieuse de toutes ne devait pas tarder à venir couronner la série si brillante des faits héroïques qui avaient illustré la jeunesse de notre sauveteur.

En effet, le 2 février 1836, Laurent Quéter était nommé chevalier de l'ordre de la Légion-d'Honneur.

Le dimanche, 27 mars suivant, la ville était en fête : toutes les troupes de la garnison et la garde nationale avaient pris les armes ; une affluence considérable de villageois des communes environnantes était arrivée à Douai; tous les Douaisiens avaient déserté leurs demeures. Cette foule se dirigeait vers la place d'armes.

Ce jour-là, le sous-préfet de Douai remettait officiellement à Quéter les insignes de l'ordre dont il était si digne d'être membre. C'était donc une belle solennité, une grande fête de famille. Tout le monde aimait tant le brave Douaisien ! Le bonheur qui devait faire battre son cœur était le bonheur de tous.

Voici l'allocution que M. le sous-préfet Mancel prononça à cette occasion :

« GARDES NATIONAUX DE DOUAI,

Lorsque pour la première fois, j'ai l'honneur de paraître au milieu de vos rangs, c'est pour moi une bien douce mission de venir apporter une noble récompense à l'un de vos concitoyens, de venir honorer en lui tout le corps dont il fait partie.

Tous, Messieurs, vous connaissez le glorieux dévouement du

brave Quéter : toujours disposé, toujours prêt à braver le danger, trente-six fois il affronta la mort pour sauver la vie de ses semblables. Tant de courage ne pouvait rester dans l'oubli ; ce fut un de mes premiers devoirs de signaler cette constante intrépidité, la récompense ne s'est pas fait longtemps attendre. Grâce en soit rendue à la libéralité d'un gouvernement qui veut récompenser le courage ; grâce en soit rendue surtout au roi, juste appréciateur de tout ce qui est généreux, qui, modèle d'honneur et de dévouement, satisfait son âme toute française chaque fois qu'il peut décorer de la récompense nationale, des actes qui honorent le caractère français.

Brave Quéter, le signe de l'honneur et du patriotisme va reposer sur ce cœur qui battit chaque fois que l'humanité réclama votre secours. Digne prix de tant de dévouements, qu'il rappelle à vos concitoyens que vous fûtes humain et généreux ; qu'il soit pour tous un grand enseignement que le courage, l'accomplissement des devoirs, la moralité, sont encore les meilleurs moyens pour acquérir la considération et l'estime publiques, sont toujours la véritable voie pour obtenir la noble distinction dont vient de vous gratifier un monarque qui sait rechercher et reconnaître tous les mérites. »

Quéter faisait partie du corps des sapeurs-pompiers depuis le 17 août 1830. Il en a été le porte-drapeau. On ne pouvait confier à de meilleures mains un pareil insigne. Quéter se montra toujours digne de cet honneur et digne aussi de l'estime et de l'affection que tous ses braves collègues du bataillon municipal avaient pour lui.

Personne ne l'a jamais vu passer, lorsqu'il portait son drapeau dans les prises d'armes, sans ressentir une douce émotion et sans éprouver un sentiment de respect. Il était si bien placé cet étendard de la bravoure civile ! Ce drapeau planait au-dessus d'un corps composé de citoyens qui ont pris pour devise ces mots : *dévouement et sacrifice de la vie.* N'était-il pas remarquable qu'il fût arboré par l'intrépide sauveteur qui avait tant de fois pratiqué cette noble devise ?

VI

Quelques mois après sa nomination de chevalier, Quéter obtint une nouvelle distinction de la plus haute valeur. Il obtint un premier prix de vertu fondé par M. de Monthyon ; l'Académie française partagea ce prix, dont la valeur est de huit mille francs, entre lui et Louise-Rénée Menard, une sainte et héroïque demoiselle.

Le directeur de l'Académie était, en 1836, M. Charles Nodier ; c'est lui qui prononça le discours, dans la séance publique du 11 août, sur les prix de vertu. Voici le passage consacré à notre compatriote :

«.Laurent Quéter, âgé de trente-trois ans, est un poissonnier de Douai, qui s'est jeté trente-six fois dans la Scarpe, au hasard de sa vie, pour sauver la vie d'un de ses semblables. Sept fois il a eu la douleur de ne ramener qu'un cadavre, mais vingt-neuf personnes lui ont dû l'existence en quinze ans. Il y a quelque chose d'instinctif dans le zéle courageux de Laurent Quéter, quelque chose de providentiel dans son infaillible apparition au lieu du danger. C'est que, de nuit comme de jour, l'hiver comme l'été, il est toujours aux aguets d'un malheur à prévenir. Les circonstances les plus inattendues le trouvent si prompt à y pourvoir qu'on croirait qu'il les devine. Laurent Quéter est pauvre cependant, et son dévouement de tous les jours, une seule fois trahi par ses forces, laisserait sa famille sans ressources et sans appui ; mais rien ne peut le détourner de l'idée qu'il appartient avant tout au malheureux qui va mourir. Le roi l'a récemment décoré de l'étoile de l'honneur. Les Romains lui auraient décerné vingt-neuf fois la couronne civique. L'Academie française n'a pas vingt-neuf couronnes à lui donner, mais elle a cru faire pour lui davantage, en l'admettant à partager la modeste couronne de Louise-Rénée Menard... »

VII

Cinq années plus tard, en 1841, Laurent Quéter avait l'honneur d'être nommé membre de la Société générale des naufrages, qui avait alors pour président le prince d'Essling, duc de Rivoli.

C'est sur la proposition de M. le baron de Tournemine, général d'artillerie, dont les douaisiens se rappellent toujours le nom, que cette nomination eut lieu. Le général avait pour Quéter une tres-grande estime, qui prouve combien était unanime le sentiment d'admiration que soulevait cet homme si grand dans son humilité, si digne et si respectable sous la rude enveloppe du prolétaire.

En lui apprenant la nouvelle faveur dont il venait d'être l'objet, le général écrivait ces lignes à Laurent :

« Mon cher Quéter,

Je m'empresse de vous adresser, par l'entremise de M. le maire de Douai, un diplôme de sauveteur que, sur ma demande, la Société générale des naufrages vient de vous accorder dans sa dernière séance, en récompense du zèle et du courage que vous avez toujours montrés pour venir au secours de vos semblables.

Je suis heureux d'avoir pu contribuer à faire apprécier votre belle conduite et vous félicite de tout mon cœur de l'honorable temoignage que vous en recevez en ce moment.

Quant à moi, vous connaissez les sentiments que je vous ai voués, vous pouvez y compter toujours, ainsi que sur mon sincère attachement.

Baron de TOURNEMINE,

général d'artillerie. »

VIII

Jusqu'à son dernier jour , Laurent Quéter est resté l'homme probe et loyal, le citoyen au cœur dévoué, le type le plus pur et le plus noble du travailleur ; sa vie exemplaire s'est éteinte prématurément, quand personne ne pouvait songer à voir tomber si tôt ce corps robuste qui était en si parfaite harmonie avec la grande âme qu'il contenait.

Uue affluence immense de citoyens de toutes classes a accompagné, le 22 décembre 1861, Laurent Quéter à sa demeure suprême. La population douaisienne lui payait un dernier et éclatant tribut de reconnaissance.

En disant le *dernier*, nous nous trompons.

Comme nous le faisons remarquer au début de cette notice, nous devons arracher le plus longtemps possible à l'oubli celui que nous sommes fiers d'avoir vu naître, l'homme qui s'est acquis une glorieuse célébrité en faisant le bien avec une abnégation poussée jusqu'au mépris de sa vie.

Laurent Quéter est mort pauvre. Laisser sur sa tombe une croix de bois, ce serait plus que de l'indifférence, ce serait de l'ingratitude ; et c'est un crime inconnu dans cette cité. Quéter aura donc bientôt un monument durable, élevé par la reconnaissance de ses compatriotes ; il nous remerciera du haut de la patrie qu'il a conquise par ses vertus ; il se réjouira de n'avoir pas compté ses sacrifices avec des frères qui étaient dignes de lui.

Il nous reste à reproduire les belles paroles que M. Choque, maire de Douai, a laissé tomber sur le cercueil de Quéter : elles achèveront de gagner la cause, d'ailleurs facile, que nous plaidons.

Voici cette allocution qui a été prononcée au milieu de l'attendrissement général :

« Quelques mots, Messieurs, avant que la terre recouvre cet homme d'un si rare dévouement.

Un oublieux silence sur la tombe de Laurent Quéter blesserait le sentiment de notre bataillon de sapeurs-pompiers, dont il fut, durant 25 ans, l'orgueil et le vivant drapeau, de nos diverses classes d'artisans dont il était le type le plus élevé, de la population douaisienne toute entière qui avait tant de raisons de l'estimer.

Quelques faits suffisent à résumer cette généreuse existence.

Poissonnier comme son père, Laurent Quéter était né, pour ainsi dire, dans cet élément où son intrépidité devait tant de fois triompher, où son activité devait rendre à la vie tant de victimes.

Ce qu'il a couru de dangers dès sa jeunesse, ce qu'il a opéré de sauvetages jusqu'au terme de sa carrière, sa modestie ne l'a point révélé ; mais ce qu'elle n'a pu cacher, c'est le nombre de personnes qui lui devaient, pour la vie sauve, une éclatante reconnaissance.

Ce nombre était tel dès 1836, Quéter n'ayant pas encore 33 ans, que M. Thiers ne vit pas d'autre récompense digne de ces actes multipliés de courage que la croix de la Légion-d'Honneur. Dans cette même année, 1836, l'Institut lui décernait le prix Monthyon.

En 1841, la Société générale des naufrages lui octroyait un de ses diplômes.

Tous ces faits, Messieurs, se concentrent en un chiffre d'une éloquente simplicité : Laurent Quéter avait, dans le cours de sa vie, arraché à une mort certaine 36 personnes !

C'était un preux, à sa manière, que ce sauveteur ! C'était un titre véridique assurément, le titre de chevalier, que lui conférait son brevet de la Légion-d'Honneur.

Son portrait, œuvre désintéressée d'un de nos remarquables artistes, perpétuera dans notre Musée sa bonne et sympathique physionomie, Il rappellera jusqu'à d'autres générations la popularité au sein de laquelle il a vécu et qui va s'attacher à sa mémoire.

Laurent Quéter n'était pas le seul intrépide de cette famille privilégiée : qu'il me soit permis, dans cet hommage public, de lui associer son frère, son émule de courage, Antoine Quéter, familiarisé comme lui avec le danger et la mort, dont on avait également cessé de nombrer les sauvetages, à qui tant de nos concitoyens devaient aussi d'avoir conservé l'existence, qui, lui aussi, eût obtenu la croix, si le gouvernement ne tenait à rehausser, en la donnant avec parcimonie, ce signe tant envié d'honneur et de distinction. Oui, soyez associés dans notre reconnaissance comme dans nos éloges, Laurent et Antoine Quéter, que votre héroïque rivalité soit à jamais, pour ceux qui vous survivent, la leçon et l'exemple de l'accomplissement du devoir poussé jusqu'au mépris de la vie.

Adieu donc, Laurent Quéter! reposez en paix dans le sein de Dieu, qui sonde les cœurs, et qui a déjà récompensé tout ce que le vôtre renfermait d'honnêteté et d'abnégation! Adieu! »

On sait que notre concitoyen, M. Jules Cellier, a eu l'heureuse inspiration de reproduire sur la toile les traits de Laurent Quéter, quelque temps avant la mort de celui-ci, et qu'il a généreusement offert son œuvre au Musée de Douai.

M. Peuvion a reproduit ce portrait par la photographie, et c'est sur une de ses épreuves qu'a été faite la gravure qui accompagne cette notice.

www.ingramcontent.com/pod-product-compliance
Lightning Source LLC
Chambersburg PA
CBHW051159050726

47594CB00007B/2974